글쓴이 린다 스키어스
여러 작품들로 훌륭한 평가를 받고 있는 어린이 책 작가이다. 미국 아이오와주에서 어린이를 위한 유머 창작을 포함한 그림책 쓰기 교실을 운영 중이다.

그린이 마르타 미겐스
독학으로 그림책 작가가 되었다. 그림을 그린 『샤크 레이디』가 2018년 전미어린이도서협회 및 전미과학교사협회로부터 최우수 과학기술교육도서로 선정되었다. 스페인에서 활동 중이다.

옮긴이 길상효
엄마가 되어 어린이 책을 다시 손에 쥔 이후로 어린이, 청소년들과 함께 독서와 글쓰기를 하고 있다.
『엄마는 태양의 여자예요』, 『점동아, 어디 가니?』 등을 쓰고, 『산딸기 크림봉봉』, 『살아남은 여름 1854』 등을 옮겼다.
2018년, 중편 소설 「소년 시절」로 제3회 한국과학문학상 가작을 수상했다.

이 뼈를 모두 누가 찾았게?

최초의 고생물학자 메리 애닝

린다 스키어스 글 마르타 미겐스 그림 길상효 옮김

씨드북

여기는 영국의 라임레지스라는 마을이에요.
메리가 철썩철썩 부서지는 파도를 피하며 바닷가를 뒤지고 있어요.
관광객에게 팔 조개껍데기 따위를 바구니에 주워 담으면서요.
그중에는 뱀 돌멩이(암모나이트), 악마의 발톱(벨렘나이트),
천사의 날개(페트리콜라 폴라디포르미스)라고 부르는 근사한 화석들도 있어요.

메리는 가파른 절벽과 험한 산도 기어올랐어요.
언제 쪼개지고 무너질지 모르는 위험도 마다하지 않았어요.
그곳에 묻힌 오랜 비밀을 캐내고야 말 생각이었어요.

메리는 교회에서 배운 읽고 쓰기만으로는 성에 차지 않았어요.
뼈와 화석에 대해 궁금한 게 너무 많았어요.
책을 빌려 읽고 과학 연구 보고서를 베꼈어요.
자기가 찾아낸 것들을 그림으로 옮기고
설명을 빼곡히 적어 넣었어요.

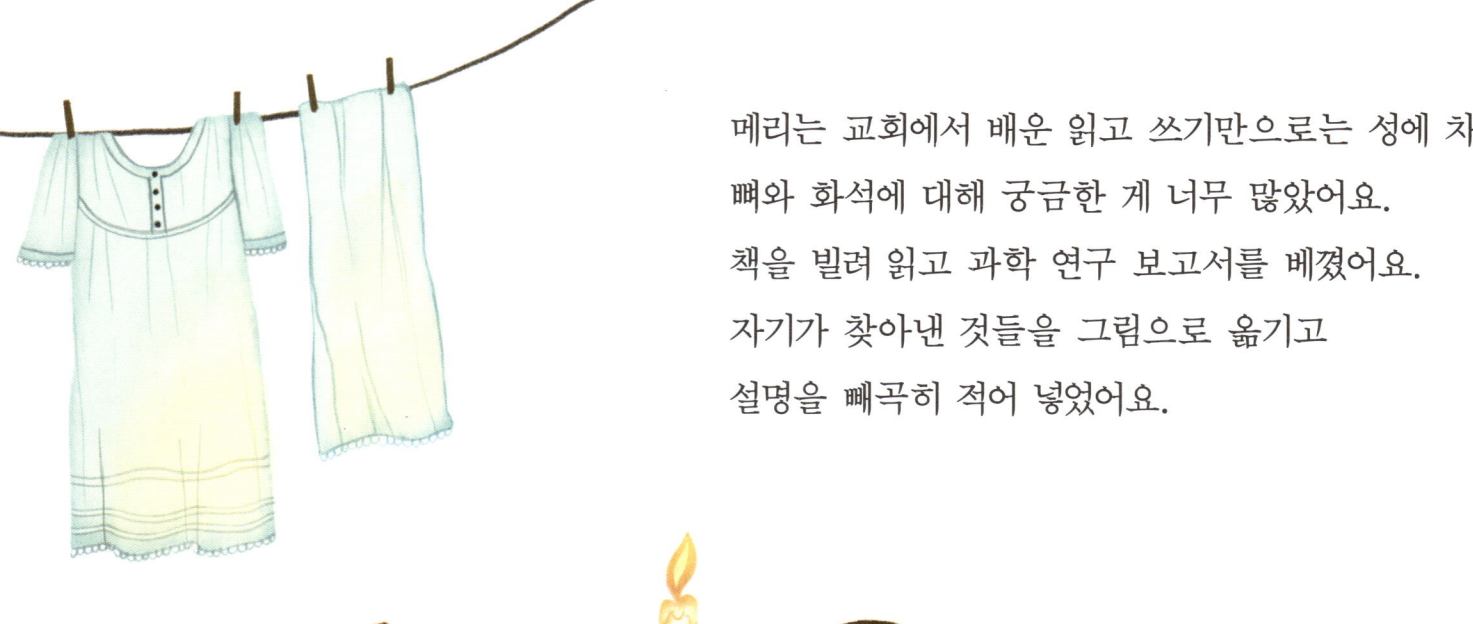

어느 날, 메리와 오빠는 절벽을 탐험하던 중 까무러칠 뻔했어요.
바위틈에 들어앉은 커다란 눈구멍이 자기들을 쳐다보고 있는 거예요.

메리와 오빠는 주변의 흙과 돌을 조심조심 깎아 냈어요.
그러자 뾰족한 주둥이를 가진 기다란 머리뼈가 드러났어요.
어마어마하게 큰 턱.
　　　　셀 수 없이 많은 이빨.
　　　　　　　한마디로 무시무시했어요.
하지만 메리는 겁나기는커녕 홀딱 반해 버렸어요!

메리는 일꾼들을 불러 머리뼈를 파내고 집까지 옮기게 했어요.

일꾼들이 일을 마치고 돌아가는 동안
메리는 그 뼈의 몸통을 찾아 나섰어요.
절벽을 깎아 내고 파헤치기를 계속했어요.
멀지 않은 곳에 몸통이 묻혀 있을 게 틀림없었어요.
정확히 어디냐가 문제였어요.

메리가 절벽을 오르느라 하루가 다 갔어요.
일주일이 다 갔어요.
한 달이 다 갔어요.

일 년이 될 즈음, 대자연이 도움의 손길을 내밀었어요.
거센 폭풍우가 몇 번이나 산사태를 일으킨 거예요.

어느 날 밤, 절벽 아래에 묻혀 있던
그 옛날의 고대 지층이 드러났어요.
망치와 정으로 파내려면
몇 년은 걸릴 지층이었어요.

메리는 휘둥그레졌어요.

뼈를 봤거든요.

메리가 달려들어 주변을 쪼아 내자
갈비뼈가 드러났어요.
등뼈도요.
지느러미뼈도요!

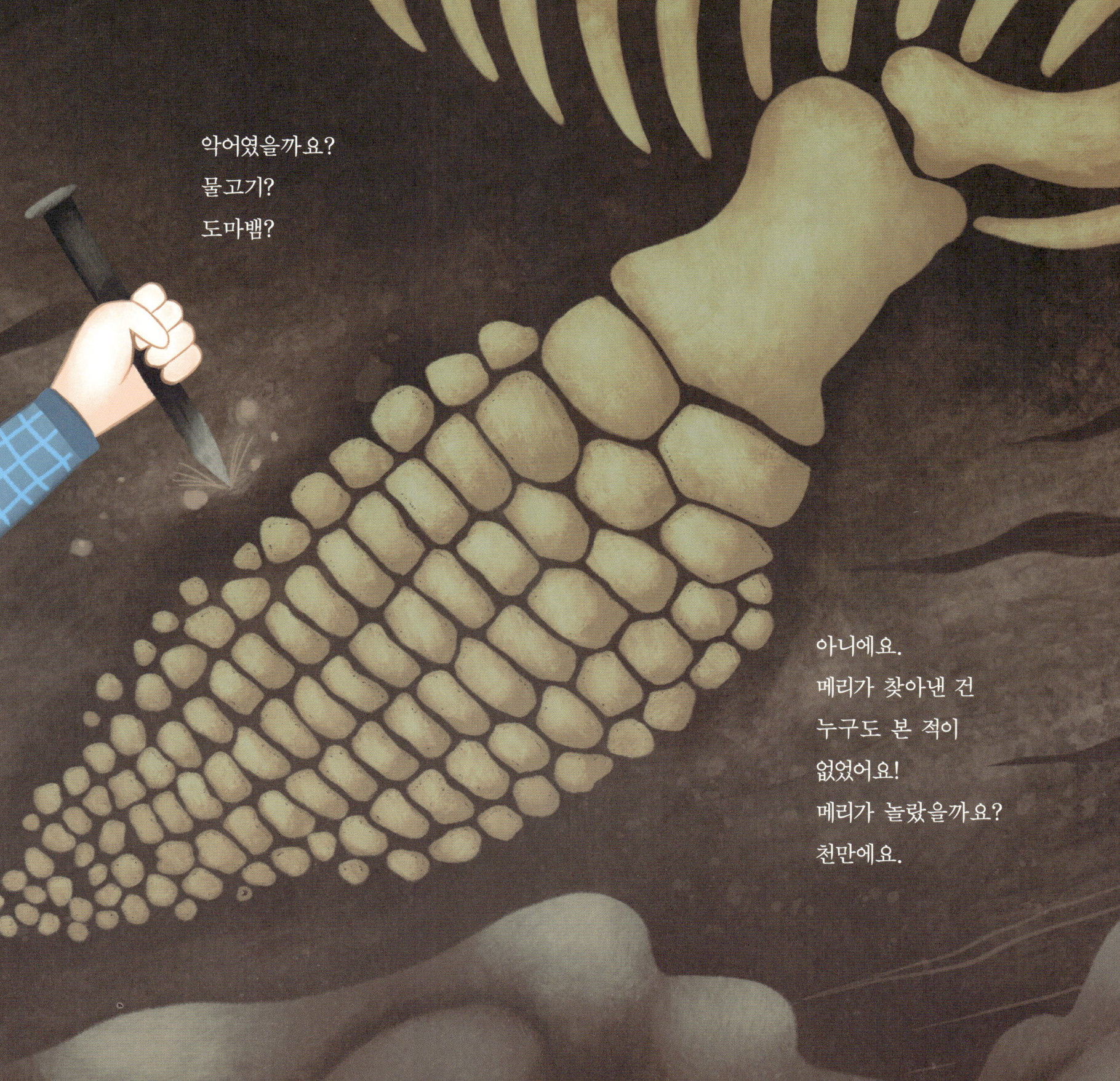

하지만 사람들은 놀랐어요. 마을은 금세
'메리의 괴물' 이야기로 술렁였어요.
소문을 들은 수집가가 그 뼈를 사겠다고 나섰어요.
메리는 뼈를 떠나보내기 싫었지만
몇 달은 먹고살 큰돈을 포기할 수 없었어요.

수집가가 뼈를 박물관에 기증하자
과학자들과 지질학자들이 모여들었어요.
그리고 그 뼈를 연구했어요.
이것저것 계산했어요.
이러쿵저러쿵 토론했어요.

그리고 그 뼈에 어룡이라는 이름을 붙였어요.
'물고기 도마뱀'이라는 뜻이었어요.
'공룡'이라는 말이 아직 생기기 전이었어요.

그리고 과학자들은 세상을 깜짝 놀라게 할 발표를 했어요.
그 뼈는 그냥 오래된 게 아니라 수백만 년이나 되었다고요.
지구가 생겨난 지 6천 년밖에 되지 않았다는 그동안의 믿음이
산산이 부서지고 말았어요.

한편 사람들은 생물이 멸종할 수도 있다는 걸 처음 알았어요.
더 이상 지구에서 볼 수 없는 생명체의 흔적을 보고서요.

사람들이 계속 토론하는 동안
메리는 계속 탐험하고
연구했어요.

메리는 몇 년에 걸쳐 뼈에 섞인 돌멩이들을 찾아냈어요.
시커멓고 괴상하고 울퉁불퉁한 것들이었어요.
메리는 돌멩이들을 꼼꼼히 살펴봤어요.
그동안 적은 기록을 다시 읽었어요.
그림도 다시 들여다봤어요.

그리고 마침내 그 정체를 알아냈어요!
아가씨가 차마 입에 담지 못할 이름이 문제였어요.

하지만 메리는 얌전한 아가씨가 아니라 과학자였어요.
그래서 세상에 알렸어요.
그 돌멩이들은 몸속에 저절로 생기는
결석이 아니라 **똥**이라고요!
지질학자들이 코웃음 쳤어요.
과학자들이 비웃었어요.

하지만 잘 살펴보니 메리가 옳았어요!
그 덕분에 과학자들은 고대 동물들이 무엇을 먹었는지
더 잘 알게 되었어요.

한편 메리는 긴 화석, 가느다란 화석,
원뿔 모양의 화석도 잔뜩 찾아냈어요.
볼품없게 생겼지만요.

쓸모없어 보이기도 했고요.
적어도 겉으로는요.
궁금해진 메리는 하나를 잘라 봤어요.

그 안의 빈 공간에는 검댕 같은 것이 말라붙어 있었어요.
메리는 호기심을 참을 수 없었어요!
물을 몇 방울 떨어뜨리자 검댕이 녹아
먹물이 되었어요.

이로써 그 옛날 바다에도 굶주린 적에게 먹물을 뿜고
도망치는 생명체가 있었다는 게 밝혀졌어요.

스물네 살이 되던 해,
메리는 또다시 놀라운 것을 발견했어요.

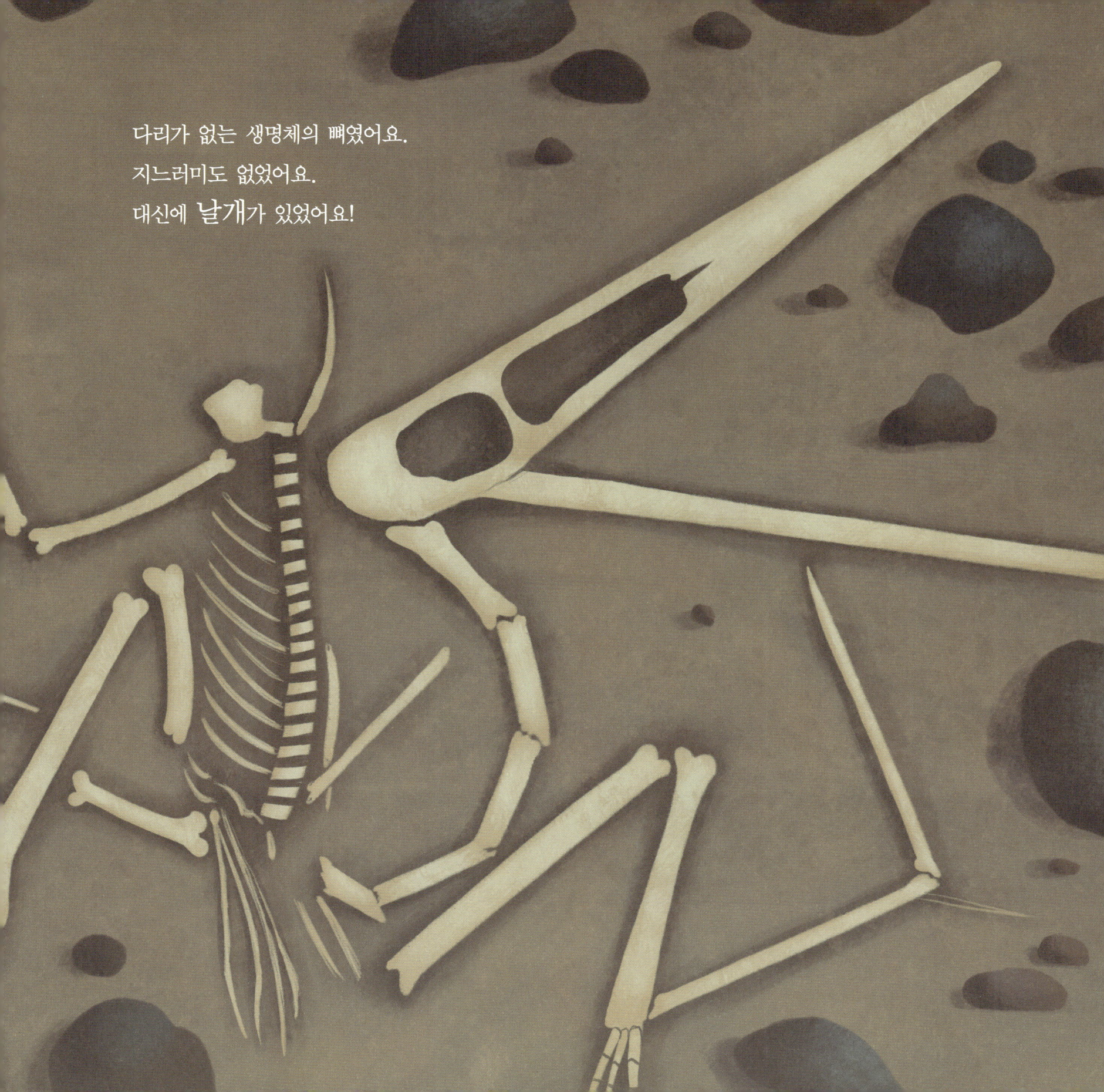

다리가 없는 생명체의 뼈였어요.
지느러미도 없었어요.
대신에 **날개**가 있었어요!

메리는 날아다니는 파충류인 익룡을 발견한 거예요.

이 놀라운 발견으로 전 세계 과학자들이 떠들썩했어요.
하지만 시간이 지나자 메리에 대한 이야기는
쏙 들어가 버렸어요.

메리는 뼈 하나만 가지고도 그 동물의 생김새를 그려 내고
어떤 종인지 알아낼 수 있었어요. 퍼즐을 맞추듯이요.
하지만 런던지질학회의 회원이 될 수는 없었어요.
여자는 받아 주지 않았거든요.
그리고 대학에서 학생들을 가르칠 수도 없었어요.
심지어 수업을 들을 수도 없었어요.

하지만 메리는 자기가 발견한 것들 때문에
사람들이 지구의 과거를 새로 배우게 될 것을 알았어요.
정말로 많은 지질학자들과 과학자들이 그랬어요.
궁금한 게 생기면 곧장 메리네 집으로 달려갔거든요!
답을 얻기 위해 메리를 따라 절벽에도 올랐고요.
물론 벌벌 떨면서요.

오래 묻혀 있던 화석처럼, 메리가 이룬 것들도 천천히 세상에 드러나고 알려졌어요. 메리의 용감한 발견 덕분에 고생물학이라는 학문이 자리 잡을 수 있었어요. 고생물학이란 화석을 통해 고대 생물을 연구하는 학문이에요.

이 모든 것을 메리는 집에서 만든 망치와 정,
그리고 지칠 줄 모르는 탐험과 배움의 열정으로 이루어 냈어요.

뼈와 화석 이야기

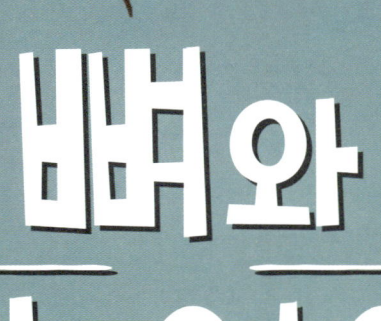

고생물학자란 화석을 연구하는 과학자예요.

* **메갈로사우루스**는 1824년에 공식적으로 이름 붙여진 최초의 공룡이에요.

* 1842년에 리처드 오언이라는 고생물학자가 **디노사우르(Dinosaur)**라는 말을 처음으로 만들었어요. 그리스어로 '무시무시하다'는 뜻의 **데이노스(Deinos)**와 '도마뱀'을 뜻하는 **사우루스(Saurus)**를 합쳐서요. 디노사우르는 우리말로 '공룡'이라고 해요.

지금까지 700가지가 넘는 공룡이 발견되고 이름 붙여졌어요.

화석이란 땅속에서 오랜 시간에 걸쳐 돌로 변한 동식물의 흔적을 뜻해요.
('캐낸 것'이라는 뜻의 라틴어에서 왔어요.)

* 공룡 화석은 지구상의 모든 대륙에서 발견되었어요.

* 공룡 알은 손톱만 한 것부터 농구공만 한 것까지 있어요.

암모나이트는 고대 해양 생물로, 소용돌이 모양의 껍데기가 있고 종종 바닷가에서 발견돼요.

벨렘나이트는 오징어처럼 생긴 고대 해양 생물로, 적에게 먹물을 뿜어 자신을 보호했어요.

페트리콜라 폴라디포르미스는 조개의 일종인데, 골이 진 껍데기가 천사의 날개를 닮아서 '가짜 천사의 날개'라고도 불려요.

분석이란 동물 똥의 화석이에요.
결석이라고 잘못 알려졌던 이 화석은
한때 만병통치약으로 여겨지기도 했어요.

1828년
하늘을 나는 파충류인 익룡을 발견하다.
(* 메리 애닝이 발견한 익룡은 처음엔 프테로닥틸루스로 불렸어요. 하지만 나중에 리처드 오언이 '디모르포돈'이라고 다시 이름을 붙였어요.)

1826년
먹물이 말라붙어 있는 벨렘나이트 화석을 발견하다. '메리의 화석 창고'를 열다.

1847년 3월 9일
47세의 나이에 유방암으로 세상을 떠나다.

1829년
처음이자 마지막으로 고향을 떠나 런던을 방문하다. 상어와 가오리 사이의 **진화 고리**라고 여겨진 **스쿨로라야**를 발견하다.

1844년
독일 작센 왕국의 왕인 프리드리히 아우구스투스 2세가 메리의 가게를 방문하다.

2010년
영국왕립학회가 과학사에 길이 남을 10명의 영국 여성 중 하나로 메리 애닝을 선정하다.

작가의 말

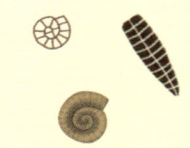

어린 시절의 메리는 남의 눈에 띄지 않는 작은 화석, 조개껍데기, 뼛조각들을 찾아내는 예리한 아이였어요. 메리는 아버지를 따라다니면서 이런 능력을 발휘했어요. 메리의 아버지는 목수일을 하는 틈틈이 휴가지에서 조개껍데기나 화석을 주워서 바닷바람을 쐬러 온 관광객들에게 파는 것으로 벌이를 보충했어요. 메리는 팔 만한 것들을 찾는 한편 자신을 떠나지 않는 질문들의 답을 찾아 헤맸어요. 이렇게 신기하게 생긴 화석들은 어떻게 생겨났을까? 어디에서 온 걸까? 살아 있을 때는 어떤 동물이었을까? 메리는 평생에 걸쳐 탐험하고 연구하고 공부했어요. 따로 익힌 적은 없지만 뛰어난 관찰력과 세밀화 작업과 꼼꼼한 기록을 무기로 고대 생물 연구의 전문가가 되었고 '고생물학의 공주'라는 별명을 얻었어요.

이것은 메리가 지구상에서 화석 찾기로 가장 좋은 곳에 산 덕이기도 해요. 라임레지스는 쥐라기 해안이라고 불리는 지역의 일부로, 2억 년 전에는 바다에 잠겨 있던 곳이에요. 폭풍과 추위가 절벽을 깎아 내고 갈아 내면서 화석과 뼈가 드러난 거예요. 메리는 특별한 도구를 사용하지도 않았어요. 아버지가 만든 망치와 정, 그리고 니스를 하도 많이 덧발라 헬멧처럼 단단해진 모자가 전부였어요.

아버지는 열한 살 메리와 열네 살 오빠, 그리고 어머니를 가난 속에 남겨 두고 세상을 떠났어요. 그나마 메리의 호기심 덕분에 세 사람은 겨우 집세를 내며 입에 풀칠을 할 수 있었어요.

메리는 일생에 걸쳐 다섯 번이나 세계 최초의 발견을 해냈고, 그보다는 작지만 여전히 중요한 여러 차례의 발견을 통해 사람들이 세상을 바라보는 방식을 바꾸고 과거를 더 잘 이해하는 데 기여했어요.

겨우 스물네 살의 나이에 메리는 온전한 플레시오사우루스를 최초로 발견했어요. 지느러미를 가진 고대 해양 생물을 발견했다는 희한한 소식에 조르주 퀴비에라는 고생물학자는 사기라며 펄펄 뛰었어요! 하지만 화석을 직접 살펴보고는 '지금껏 없었던 가장 놀라운 발견'이라고 칭송했어요.

스물일곱 살이 되던 해, 메리는 그동안 모은 돈으로 문간방이 딸린 작은 집을 샀어요. 그리고 문간방을 상점으로 꾸미고 '메리의 화석 창고'라고 이름 지었어요. 유리창 안에 화석들을 자랑스레 진열해 놓고서요. 그때는 여자가 가게 주인이 되어 돈을 버는 일이 아주 드물었기에 그 소식이 지역 신문을 장식하기도 했어요.

1908년에 만들어진 다음의 빠른 말 놀이(Tongue twister)는 바로 메리 애닝의 이야기랍니다.

She sells seashells on the seashore,
쉬 셀스 시셸스 온 더 시쇼어
(그녀는 바닷가에서 조개껍데기를 팔아)

the shells she sells are seashells, I'm sure.
더 셀스 쉬 셀스 아 시셸스, 아임 슈어
(그녀가 파는 껍데기는 틀림없이 조개껍데기일 거야)

For if she sells seashells on the seashore,
포 이프 쉬 셀스 시셸스 온 더 시쇼어
(왜냐하면 바닷가에서 파는 조개껍데기라면)

then I'm sure she sells seashore shells.
덴 아임 슈어 쉬 셀스 시쇼어 셸스
(바닷가에서 주운 조개껍데기가 틀림없을 테니까)

메리 애닝의 초상화는 현재 런던자연사박물관에 걸려 있어요. 『대영자연사저널』은 메리 애닝을 '세계 최고의 화석 전문가'라고 칭했어요.

이 뼈를 모두 누가 찾았게?
최초의 고생물학자 메리 애닝

1판 1쇄 발행 2020년 9월 22일 1판 3쇄 발행 2021년 12월 1일
글쓴이 린다 스키어스 그린이 마르타 미겐스 옮긴이 길상효
펴낸이 남영하 편집 김주연 이신아 디자인 박규리 마케팅 김영호
펴낸곳 ㈜씨드북 주소 03149 서울시 종로구 인사동7길 33 남도빌딩 3F 전화 02) 739-1666 팩스 0303) 0947-4884
홈페이지 www.seedbook.co.kr 전자우편 seedbook009@naver.com 인스타그램 instagram.com/seedbook_publisher
ISBN 979-11-6051-369-1 (77800) 세트 979-11-6051-276-2

Dinosaur Lady by Linda Skeers and Marta Álvarez Miguéns
Text © 2020 by Linda Skeers
Illustrations © 2020 by Marta Álvarez Miguéns
Cover and internal design © 2020 by Sourcebooks
Korean Translation Copyright © Seedbook Co. Ltd., 2020
All rights reserved.
This Korean edition was published by arrangement with Sourcebooks through Inter-Ko Literary & IP Agency.

이 책의 한국어판 저작권은 인터코 저작권 에이전시를 통해 저작권사와 독점 계약을 맺은 ㈜씨드북에 있습니다.
저작권법에 의해 한국 내에서 보호를 받는 저작물이므로 무단 전재와 무단 복제를 금합니다.

제조국명: 대한민국 | 사용연령: 6세 이상
KC마크는 이 제품이 공통안전기준에 적합하였음을 의미합니다.
종이에 베이지 않게 주의하세요.

● 책값은 뒤표지에 있어요. ● 잘못 만들어진 책은 구입하신 서점에서 바꾸어 드려요. ● 씨드북은 독자들을 생각하며 책을 만들어요.